ファーリークレイ®で作る ふわふわ 小さなどうぶつたち

ゆかりん（Poccolly）

産業編集センター

はじめに

この本を手に取ってくださり、ありがとうございます。

本書では、羊毛フェルトのようなリアルさと、触っても型崩れしづらい長所を併せ持つ「ファーリークレイ®」という技法について、ハムスターやシマリスを作りながら説明しています。

「フワフワでリアルな可愛い子を思う存分もふもふしたい」
「羊毛フェルト作品を全身植毛で仕上げるのはタイヘン」
「ぬいぐるみたいに1から型紙を作るのって難しい」

安心してください！　私もそんな気持ちでした。そしてドウシヨウカナ……と試行錯誤して生み出した技法がファーリークレイ®！
羊毛フェルトのニードル手法を各所に織り交ぜながら、粘土のベースにファーを貼り付けて作り込む技法です。

初心者の方でも可愛く作れるように、土台のベースはなるべく簡単に、ファーを貼り付ける工程も細かく説明しています。
大きさの目安になるよう型も手描きしてみましたが、あくまでイメージですので、参考としてお使いくださいね。

本書で作り方に慣れたら、ぜひオリジナルの作品にファーリークレイ®技法を生かしてあげてください。
自分で作る、触れるフワフワアニマルの可愛さは格別です。
めいっぱい楽しんでくださいね！

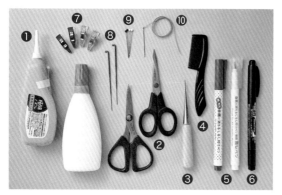

基本の道具

❶ボンド（細かい部分に使用する時は細口のノズルだと使いやすい） ❷ハサミ（刃先がストレートのものとカーブしているものがあると使い分けられて便利） ❸目うち ❹クシ（小さいものが使いやすい。こちらはヒゲ用のクシ。100円ショップ等でも購入可能） ❺チャコペン（消えるタイプ。消しペンもあると修正しやすい） ❻油性ペン ❼手芸用クリップ ❽フェルティング用ニードル（レギュラー針、細針、太針など。使用する場所によって使い分ける） ❾まち針 ❿縫い針・糸

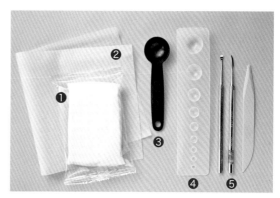

土台を作る材料・道具

❶軽量粘土（乾いた時にニードル針が刺さるくらいの固さのもの） ❷クッキングシート（成形した粘土を乾かす際に下に敷くと、土台に付かず剥がしやすい） ❸計量スプーン（小さじ） ❹カラースケール（細かく粘土を計量したい時に便利／パジコ） ❺粘土ベラ（粘土の細かい成形に。色々な形があるので作るものによって使い分ける）

毛並みを作る材料・道具

❶ブラシマット（ニードルで作業する際はこの上に乗せて作業する） ❷はけ（動物のヒゲ用。毛先が細くなってるタイプを選ぶ） ❸ファー（作る動物に近い色味のものを選ぶ。毛足が長いものが使いやすい。写真は毛足60mmのもの） ❹羊毛フェルト（赤・ピンク） ❺さし目（6mm） ❻モール（色が透けた時に悪目立ちしない色味が好ましい）

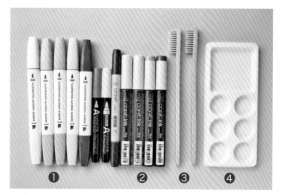

染色する材料・道具

❶アルコール染料インクペン 各種（100円ショップのものやコピックなど） ❷アルコール染料インク 詰め替え用 ❸歯ブラシ（塗る色味に合わせて本数を用意すると良い） ❹パレット

Contents

ウサギ
（お尻／顔）
92

シマリス
（お尻／顔）
77

ヤマネ
（全身）
70

ジャンガリアン
ハムスター
（お尻／顔／全身）
24

キンクマ
ハムスター
（お尻／顔／全身）
50

&

ロボロフスキー
ハムスター
（お尻／顔／全身）

この本で作れる
どうぶつたち

ジャンガリアンハムスター

・全身（45p）

front side back

・顔（31p）

front side back

・お尻（24p）

front side back

キンクマハムスター

・全身（64p）

front   side   back

・顔（56p）

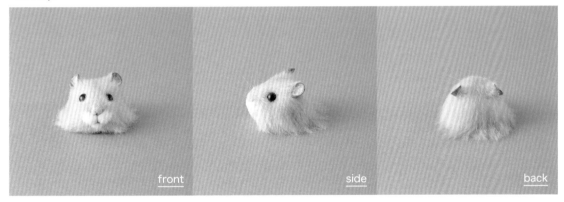

front   side   back

・お尻（50p）

front   side   back

ロボロフスキーハムスター

・全身（64p）

・顔（56p）

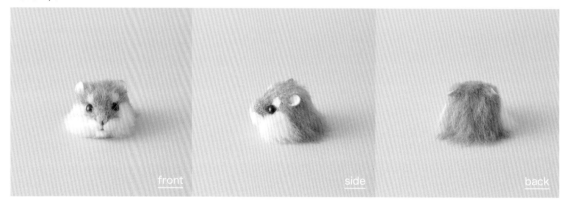

・お尻（50p）

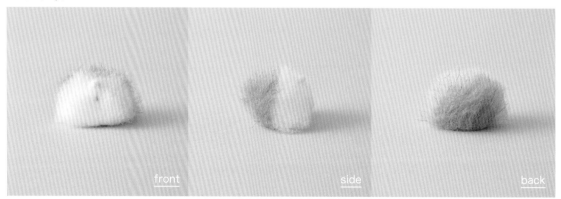

ヤマネ

・全身 (70p)

front   side   back

シマリス

・顔（83p）

front | side | back

・お尻（77p）

front | side | back

ウサギ

・顔（97p）

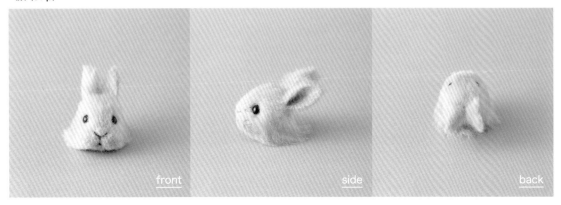

・お尻（92p）

ジャンガリアンハムスター
〈お尻〉作り方

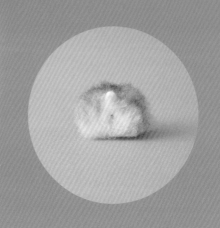

ファーリークレイの基本になる作り方を、形が簡単なハムスターのお尻で説明します。大きさやファーの色などを変更することで、キンクマやロボロフスキーなど沢山のバリエーションのお尻を作ることができます。自分だけのお好みの"ハムケツ"をぜひ作ってみてくださいね！

| 道具と材料 | ハサミ／ニードル／目打ち／クシ／ファー（白・グレー）／羊毛フェルト（ピンク・赤）／手芸用ボンド／軽量粘土／粘土ヘラ／歯ブラシ／アルコール染料インク／手芸用チャコペン（消えるタイプ）／パジコカラースケール／クッキングシート／カッティングボード |

1
粘土を計量する。パジコのカラースケールの一番大きなサイズの1を使用。
※料理等で使用する一般的な小さじを代用してもOK。

2
小さじ1.5の粘土を使用する。

3
少量の水を手に付けつつ、粘土をこねて滑らかにまとめる。

4
真丸に形を整え、台に上から少し押し付けながら縦25mm、横35mmの楕円に形を整えていく。→Ⓐ

5
横から見た時の形。高さは約18mm。
→Ⓑ

6
完全に乾燥させる。クッキングシートを敷いておくと粘土が付きにくくなる。
※乾燥するまで1〜2日かかるため、何個も作っておくのがオススメ。

白のファーを裏地の布から切り離す。

切り離したままの状態。繊維が揃っている。

繊維をバラバラにするために混ぜる。羊毛フェルトに使うスリッカーブラシを使用するとより自然な仕上がりになる。

尻尾を作る。繊維をバラバラにしたファーをひとつまみ取り出す。

中央部分を刺し固める。

中央部分で折り畳む。折り畳んだ部分が尻尾の先になる。➡ⓒ

尻尾の根本部分も刺し固めて形を整える。ファーが足りないようなら適宜足していく。

尻尾を刺し固めたところ。固く刺し固めた部分の長さは先端から約10mm、根本部分はふわふわのまま残す。

尻尾の根本部分を開いて土台に付けやすいようにしておく。

【原寸イメージ】 -

Ⓐ 25mm 30mm

Ⓑ 18mm 30mm

Ⓒ 20mm 10mm

※土台にファーをあてながらカットしていくことがファーリークレイ®の基本ですので、【原寸イメージ】はあくまで目安としてお使いください。

16 尻尾の位置を決める。土台の左右中央、上下2：1の位置に、チャコペンでアタリを付ける。

17 尻尾の根本にボンドを付ける。

18 印を付けた部分に尻尾の根本を合わせて貼り付ける。根本からはみ出したボンドを使って根本の周りにはみ出たファーを土台に馴染ませる。

19 ボンドが乾く前にニードルで根本部分を刺して更に土台に密着させる。

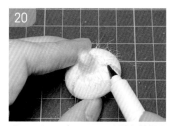

20 チャコペンで白いファーを貼り付ける部分のアタリを付ける。尻尾の下部分を半円状に。

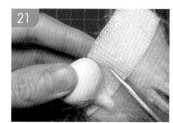

21 ファーの毛の流れが尻尾に向かって平行に流れるようにカットしていく。四角くカットしてから、不要細部をカットして落としていくと形をとりやすい。

22 土台にファーを当てながら、余分な部分をカットしていく。アタリよりも心持ち大きめにカットしていくと失敗しにくい。

23 白ファーをカットしたところ。➡D

24 ファーの裏地に薄く満遍なくボンドを塗っていく。量が多すぎるとファーの表面まで染み出してファーが固まってしまうため注意する。

25 土台のアタリを付けた部分にファーを貼り付ける。※貼り付けただけの状態だとファーは安定しない。

26 ファーと土台をニードルで刺して馴染ませ、より密着させていく。尻尾の根本部分から、ファーを貼り付ける部分を縁取るように刺していく。

27 ファーの中央部分は、ファーをかき分けて裏地部分と土台を密着させるようにニードルで刺していく。

白ファーをニードルで土台に密着させたところ。ボンドが乾かないうちに、ファーと土台を貼り付ける一連の流れを済ませる。

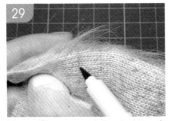

続いてグレーファーをカットする。白ファーと同じように、毛の流れが尻尾に向かって平行に流れるようにカットしていく。

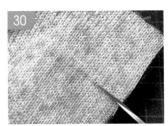

まずは貼り付ける部分より一回り大きめの四角にカットする。大きさがわかりづらい時は、チャコペンでアタリを付けるとカットしやすい。

四角くカットしたファーを、貼り付ける部分に巻き付けるように配置していく。

なるべくファーにシワが寄らないように、まち針で土台にファーを止めていく。

土台からはみ出た部分をカットしていく。※貼り付ける部分のファーのカットが自在になると応用が効くようになる。

【原寸イメージ】- -

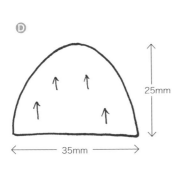

Ⓓ 25mm 35mm

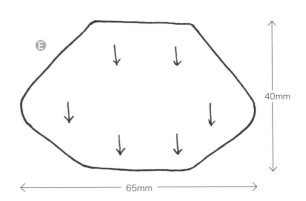

Ⓔ 40mm 65mm

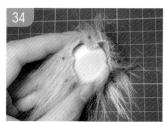

34

白ファーとグレーファーの境目部分も、少しだけ重なるようにカットしていく。

35

グレーファーをカットしたところ。
➡E

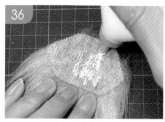

36

ファーの裏地に薄く満遍なくボンドを塗っていく。ボンドを塗る面が大きいので手早く適量を伸ばす。

37

土台にファーを貼り付ける。ボンドを塗りたての部分はギュッと触らないようにする。※ボンドが滲み出てファーが寝たまま固まってしまう。

38

ファーと土台をニードルで刺して馴染ませ、より密着させていく。まずは背中の中心部分を土台に固定する。

39

尻尾の根本部分などポイントとなる部分の位置を合わせ、ファーを貼り付ける部分を縁取るようにニードルで刺していく。

40

白ファーとグレーファーの境目部分は、互いのファーをニードルに絡ませながら刺していく。境目がわからないように土台に馴染ませる。

41

貼り付けたファーの中心部分も満遍なくニードルで刺す。ボンドが乾かないうちにファーを貼り付ける一連の流れを済ませる。

42

尻尾の根本のボンドが乾いて固くなっている部分は、目打ちなどを使って土台にファーを密着させる。固い部分はニードルが折れやすいので注意。

43

ボンドを少し乾かし、土台との密着度合いが安定したら、クシですいてファーの毛並みを整える。

44

ニードルでファーの毛並みを放射状に均一に立て、カットに備える（お腹部分の毛を立てたところ）。

45

毛先の余分な部分をカットしていく。お尻の丸いフォルムをイメージしつつ、少しずつカットしていく。

背中部分も同じようにニードルでファーを放射状に立て、余分な部分をカットする。

左右対称に丸く整える。

カットが終わったところ。

お尻の穴を作る。羊毛フェルトの赤とピンクを使う。

赤とピンクの羊毛フェルトを少しだけ手に取り、軽く混ぜたあと丸める。

尻尾の根本より数mm下部分にお尻の穴の位置を決める。

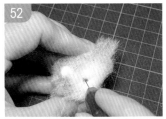

土台に尻尾を貼り付ける時に使用したボンドが固くなり、ニードルが折れやすい。あまりに固い場合は目打ちも使い、穴に入れ込むように刺していく。

自然に馴染むようにお尻の穴を整える。

ファーを染色していく。左上は染色前、右下は染色後。アルコール染料インクを塗り重ねることで色に深みを出していく。

まずは薄い色味から。コピックの詰め替えインクを使用。

パレットにインクを少々出す。複数色を混ぜて好みの色に調整しても良い。

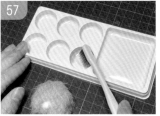

歯ブラシにインクを付け、ティッシュなどに擦り付け色の出方を調整する。事前にファーの切れ端で色の乗り方を試してみると加減がわかる。

歯ブラシでとかすようにして全体的に薄く汚しを入れていく。

上から下、下から上と歯ブラシを動かし、ファーの全体に色を入れて行く。

濃い色味を重ねて入れて行く。

背中の中心部分に、不自然にならないよう少しずつ重ねていく。

薄い色味と同じように、上から下、下から上と歯ブラシを動かす。

全体的に染色したところ。

背中のラインを入れていく。ピンポイントの場合はペンタイプのアルコール染料インクが便利。

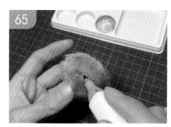
背中のラインをペンで直接描いていく。

描いたラインを歯ブラシで馴染ませる。

染色したばかりのファーはインクが馴染んでおらず滑りが悪い。クシが通りづらいため、充分乾かした後にクシを入れて毛並みを整える。

完成。上から見たところ。

完成したお尻を下から見たところ。

ジャンガリアンハムスター 〈顔〉作り方

まずは粘土のベースをバランス良く左右対称に作ることがポイントです。ベースがしっかり仕上がっていれば、ファーのカットなどより形が整いやすくなります。耳や口元の整え方は、ファーリークレイ® ならではの特徴です。

▷ 道具と材料 ◁

ハサミ／ニードル／目打ち／クシ／ファー（白・グレー）／羊毛フェルト（ピンク・赤）／手芸用ボンド／軽量粘土／粘土ヘラ／歯ブラシ／アルコール染料インク／手芸用チャコペン（消えるタイプ）／パジコカラースケール／クッキングシート／カッティングボード／刺し目（6mm）／まち針／はけ（ヒゲ用）／ティッシュ

1 粘土を計量する。ジャンガリアンハムの顔には小さじ1.5の粘土を使用する。

2 少量の水を手に付けつつ、粘土をこねて滑らかにまとめる。まずは真丸に形を整える。

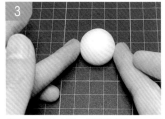

3 台に少し押し付け、縦横約25mm、高さ約20mmの半球にする。

4 目の部分の窪みを作る。左右対称に指で押して窪ませる。

5 上から見た時の形。→Ⓐ

6 横から見た時の形。失敗した時にすぐにやり直しできるように、同じ形を沢山作っておくと良い。→Ⓑ

31

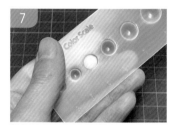

7

粘土で耳のベースを作る。パジコカラースケールのCのサイズ分の粘土を使用する。

8

手でこねて丸めた状態。約7mmの球状に整える。左右の耳の分、2つ作る。
➡Ⓒ

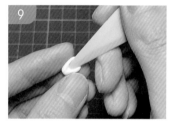

9

ヘラを使って先ほどの粘土玉の中心を潰し、耳の窪みを作っていく。➡Ⓓ

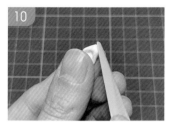

10

耳の根本部分を平らに整える。

11

高さ約10mm。耳も沢山作っておくと失敗した時にすぐやり直しができるのでオススメ。➡Ⓓ

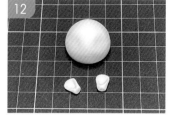

12

1〜2日放置し、完全に乾燥させる（クッキングシートの上で乾燥させると粘土が台につきにくくなる）。

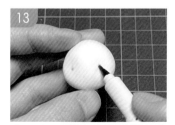

13

チャコペンで刺し目を刺す位置のアタリを付ける。左右対称のバランスになるように。

14

位置が決まったら目打ちで真っ直ぐ穴を開ける。

15

刺し目を刺してバランスを再度確認。

【原寸イメージ】 --

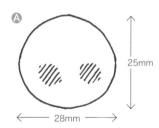

Ⓐ 25mm 28mm

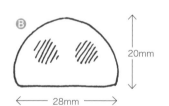

Ⓑ 20mm 28mm

Ⓒ 7mm

Ⓓ

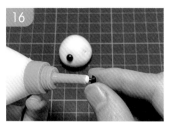

刺し目の根本にボンドを付けて接着する。

刺し目にボンドを付けて再度ベースに刺した状態。ボンドがはみ出ている。

はみ出たボンドはしっかりとティッシュなどで拭う。

耳の位置を決める。鼻先から見て2：1の部分に縦に線を入れる。

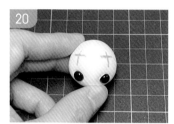

鼻先から見て、目から後頭部に向かって線を引く。交わった所が耳を付ける位置。

先ほど決めた位置に、耳をまち針で刺してベースに固定する。

左右の耳を止めたところ。角度が左右対称になるようバランスに気を付ける。

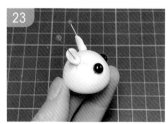

横から見たところ。耳の根本部分がベースに対してあまりにも浮いてしまう場合は、耳の根本をカッターなどで削り平らに調整すると良い。

まち針を刺したまま、耳をベースから少し浮かせて、根本にボンドを付ける。先端が細く少量だけ出せるボンドだと調整しやすい。

まち針を刺したまま、耳の位置を戻してベースに接着する。

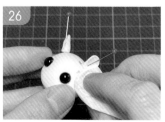

はみ出たボンドはティッシュなどで拭き取る。

ボンドが完全に乾くまでまち針を刺したまま固定する。乾いたらまち針を外す。※ボンドによりまち針にサビが出ることがあるので注意する。

28

耳に色を塗っていく。ペンタイプのアルコール染料が便利。お好みのピンク色でOKだが、濃すぎない色味の方が使いやすい。

29

薄い色味を重ねていく。いきなり濃い色味を塗らないように注意。

30

オレンジの色味も足していく。

31

耳の中心が濃くなるよう重ねていく。重ねても色味が薄い場合はインクを乾かしてからまた塗るなど、ちょうど良い色味になるまで繰り返す。

32

耳の裏側を塗っていく。グレーの色味のアルコール染料ペンを使用。

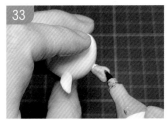

33

耳裏の全体を一気に塗っていく。

34

表側の耳のふちにもグレーのペンで塗る。

35

カラーレスブレンダー（無色透明のアルコール染料インク）で境目を馴染ませていく。

36

ピンクとグレーの境目をカラーレスブレンダーでなぞると、境目が馴染んで自然になる。

37

チャコペンで鼻の位置のアタリを付け、鼻から左右に弧を描くように線を引く。アゴ下に貼り付ける白ファーのアタリになる。

38

アタリを付けて横から見たところ。

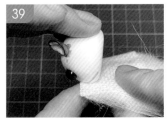

39

白ファーをカットしていく。ファーの流れは鼻からアゴに向かって流れるように。まずは貼る位置に対して四角く切り出す。

40

ファーを四角く切り出し、貼る部分に
当てたところ。

41

ファーを当てた状態で、土台のチャコ
ペンのアタリに合わせて余分な部分を
ハサミでカットしていく。

42

アゴ下の白ファーをカットしたところ。
➡E

43

ファーの裏地に薄くボンドを塗る。ボン
ドが多すぎるとファー部分に滲み出
してファーが固まってしまうので注意
する。

44

土台にファーを貼り付け、ニードルで
刺して土台に定着させていく。

45

アゴ下の白ファーを貼り付けたところ。

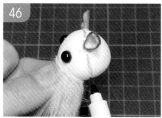

46

後頭部にグレーのファーを貼っていく。
耳から後ろ部分に貼るため、耳を境に
土台にチャコペンでアタリを付ける。

47

ファーの流れは後頭部から下へ流れる
ように。貼る部分に合わせてまずはファ
ーを四角くカットする。

48

ファーを後頭部に当て、余分な部分を
カットしていく。フリーハンドでカッ
トするのが難しい場合は、ファーにチ
ャコペンでアタリを書いてカットする。

【原寸イメージ】 -

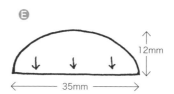

E

12mm

35mm

49 後頭部のファーをカットしたところ。
➡️**F**

50 ファーの裏地に薄くボンドを塗る。

51 まず最初に頭のてっぺんと耳の裏の部分をニードルで土台に固定する。貼り付ける部分の端から中心に向かって固定していくイメージ。

52 後頭部のファーを貼り付けたところ。

53 ファーをはる順番が分かりやすいように、鼻先から耳の根本に向けてV字型のアタリを描く。

54 ファーの流れはおでこ部分からアゴにかけて流れるように配置して、まずは貼る部分に対して四角くカットする。

55 貼る部分にファーを置いて、カットする部分との境目をチャコペンで描いてからカット。貼る部分より大きめにカットすると失敗しづらい。

56 目の部分はファーに穴を開ける。チャコペンでアタリを付ける。➡️**G**

57 アタリを付けた部分を小さく丸く切り抜く。貼り付ける部分に仮置きして、穴と目の部分が合うか確認する。

【原寸イメージ】

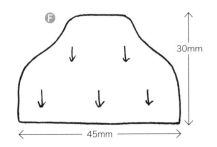

F 30mm 45mm

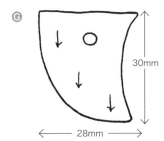

G 30mm 28mm

ファーの裏地に薄くボンドを塗る。

貼り付ける部分にファーを置き、まずは目の周りからニードルで刺して固定していく。

次は耳の根本をニードルで刺して固定。後頭部やアゴ下のファーとの境目部分は互いのファーをニードルに絡めて刺し込み、自然に馴染ませる。

貼り付ける部分を全体的にチクチク刺して固定する。反対側も同じようにファーを貼っていく。

顔全面の左右にファーを貼り付けたところ。

鼻先からおでこにかけて流れるようにファーを置き、V字状にファーをカットする。➡️🄗

おでこのファーをカットしたところ。裏地にボンドを薄く塗る。

ファーをおでこに貼り付けていく。まずは鼻先から固定し、目の周りを馴染ませて貼り付けていく。

しっかり貼り付けてボンドが乾いたらクシを通して毛並みを整える。

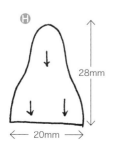

🄗 28mm 20mm

全体の毛並みを整えたところ。

目の周りからファーをカットしていく。毛が寝たままだとカットしづらいので、ニードルで毛を立たせてから少しずつカット。

反り刃のハサミの方が、表面を滑らかにしたり細かい部分をカットしやすい。バランスを見ながら少しずつカットしていく。

ファーの毛流れが不自然に見える時は、長さが揃っていないことが原因の場合が多い。ニードルで毛を立たせてからカットすると長さが揃えやすい。

鼻、目の周りは短めに、後頭部は長めにファーを整える。

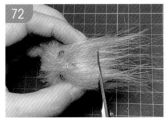

アゴ下、襟足部分も、土台から約10mm長さを残してカットする。

アゴ下、襟足のファーをカットしたところ。

カットが自然になるようにハサミを入れてすいていく。

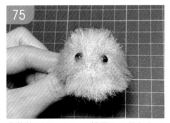

全体的にカットし、前面から見たところ。

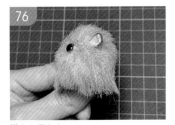

横から見たところ。

後ろから見たところ。

頭の上から見たところ。

鼻先部分を作る。グレーのファーを裏地の布から切り離し、繊維を混ぜてバラバラにする。ひとつまみ使用する。

束の中心をニードルで刺し固めていく。

ある程度固まったら半分に折って先端部分を刺し固める。この部分が鼻先になる。

先端から約10mm部分を刺し固める。扇状に広げる。➡❶

土台の鼻先部分にまち針で仮止めする。

目の部分にかかるファーをかき分けて、鼻先のバランスをチェックする。

横から見たところ。

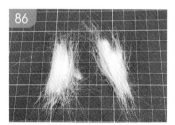
口元部分を作る。白のファーを裏地の布から切り離し、繊維を混ぜてバラバラにする。ふたつまみ使用する。

ファーを丸めて球状にしていく。

【原寸イメージ】 -

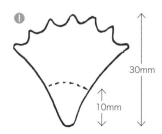

❶

30mm

10mm

88 丸くぎゅっと圧をかけた状態でニードルで刺して固めていく。

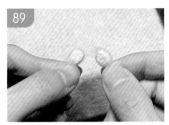

89 縦約5mm、横約8mmの半球状に固める。まずは楕円状に固めた後に平らにしたい部分を刺すと形作りやすい。
➜Ⓙ

90 鼻先に沿って半球を配置し、まち針で仮止めしていく。

91 鼻先と左右の口元を仮止めしたところ。左右対象になるようにバランスを整える。

92 白ファーを刺し固め下唇部分を作る。縦約4mm、横約6mmの球状。

93 下唇をアゴに配置し、まち針で仮止めする。
➜Ⓚ

94 左右の口元の境部分をニードルで引っ掻いて、境目をぼかして馴染ませる。口元の境目部分の刺し固めをといていくイメージ。

95 仮止めした状態で、鼻先と口元部分のファーのカットをする。カットする部分のファーをニードルで立てたところ。

96 目がしっかり出るようにカットしていく。

【原寸イメージ】

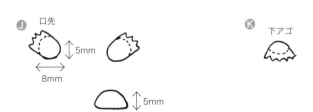

Ⓙ 口先　↕5mm　←8mm→

Ⓚ 下アゴ

↕5mm

40

鼻先と口元のカットが済んだところ。正面から見て左右対称になるようにバランスを整える。

斜め前から見たところ。

斜め上から見たところ。

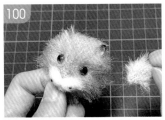

口元部分はまち針で止めたまま、鼻先だけ土台から外す。

鼻先にピンクの羊毛フェルトを少量乗せる。

刺し固めてピンクの羊毛フェルトを定着させる。

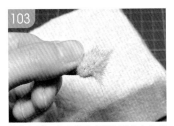

鼻先にピンクの羊毛を刺し固めたところ。

土台に乗せてバランスを確認する。

鼻先の土台部分にボンドを乗せる。

鼻先の裏面にもボンドを乗せる。鼻先の横からボンドがはみ出さないように、でも少なすぎても定着しないため分量に注意する。

鼻先を土台に接着してまち針で固定する。下の口元部分がアタリになって位置が決めやすい。

鼻先を固定した後に、口元と下唇部分の仮止めを外す。

接着する土台部分と、口元と下唇の半球それぞれに、はみ出さない分量のボンドを乗せる。

口元を元通りの場所に貼り付けて、まち針で固定する。

鼻先、口元をボンドで貼り付け、まち針で固定したところ。

目元がハッキリするよう、ニードルで目元周りを整える。

おでこ部分もニードルで刺してスムーズに馴染ませる。

鼻先、口元のボンドが乾かないうちに、赤い羊毛フェルトを刺し付ける。指で少量の赤い羊毛フェルトをねじって、細いこよりにする。

鼻先と口元の境目に、V字状に赤い羊毛フェルトを刺し付ける。

鼻先から下唇に向かっても赤い羊毛フェルトを刺し付ける。

赤い羊毛フェルトを刺し付けたところ。口元がハッキリした。

正面から見たところ。

斜め前から見たところ。

斜め上から見たところ。

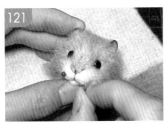

ボンドが乾いてからまち針を外す。ボンドと一緒にまち針まで固まってしまい外しづらいため注意する。

まち針で止めていた部分が凹んで跡になっているため、ニードルで引っ掻いて跡を消す。

アルコール染料インクで染色する。まずは薄い色味から入れていく。

歯ブラシでとかすようにして全体的に薄く汚しを入れていく。

濃いグレーの色味を重ねて入れていく。

後頭部の中心部分が一番濃くなるよう、不自然にならないように少しずつ重ねていく。

ペンタイプのアルコール染料インクで背中のラインを描いていく。

後頭部の中心部分にペンでラインを入れる。

描いたラインを歯ブラシで馴染ませる。

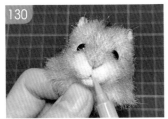

ペンタイプのピンクのアルコール染料インクで口元を塗る。

アルコール染料インクが乾いてからクシでとかす。

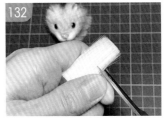

ハムスターのヒゲに使用するため、先端から約20mmの長さにハケをカットする。

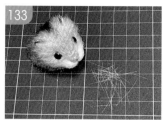

133 ハケをカットしたところ。細い毛のハ
ケの方がハムスターに合う。

134 ヒゲを付ける。ヒゲを生やしたい部分
に目打ちで穴を開ける。

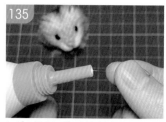

135 ヒゲの根本にボンドを付ける。

136 目打ちで開けた穴にボンドを付けたヒ
ゲを差し込む。手で差し込むのが難し
い場合は、しっかり挟めるピンセット
で根本をつかんで差し込んでも良い。

137 アゴ下からヒゲを見たところ。自然な
放射状になるようヒゲを付けていく。

138 完成したジャンハムの顔、斜め上から
見たところ。

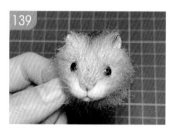

139 正面から見たところ。

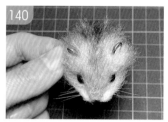

140 頭上から見たところ。

141 後頭部から見たところ。

ジャンガリアンハムスター
〈全身〉作り方

お尻と顔を組み合わせて全身を作ることができます。見せ方で仕上がりがよりリアルになります。手のひらにすっぽり収まるサイズ感がとても可愛らしいですよ。

道具と材料

ハサミ／ニードル／目打ち／クシ／ファー（白・グレー）／羊毛フェルト（ピンク・赤）／手芸用ボンド／軽量粘土／粘土ヘラ／歯ブラシ／アルコール染料インク／手芸用チャコペン（消えるタイプ）／バジコカラースケール／クッキングシート／カッティングボード／刺し目（6mm）／まち針／はけ（ヒゲ用）／ティッシュ

1 粘土を計量する。ジャンガリアンハム全身を作るには小さじ3の粘土を使用する。

2 少量の水を手に付けつつ、粘土をこねて滑らかにまとめる。楕円形に形を整える。

3 台に少し押し付け、縦約40mm、横約30mm、高さ約20mmの楕円半球にする。→Ⓐ

4 横から見た形。→Ⓑ

5 目の部分の窪みを作る。左右対称に指で押して窪ませる。

6 耳の後ろの部分の窪みを作る。左右対称に指で押して窪ませる。

7

目の部分と耳の後ろの部分を少し凹ませたところ。同じ形を沢山作っておくと良い。※ロボロフスキー、ヤマネの全身も同じ形。

8

全身と耳を作る。完全に乾燥させる。※〈顔〉作り方（31p）参照。➡ⒶⒷ

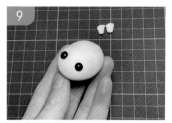

9

目を付ける部分のアタリをチャコペンで付け、目打ちで穴を開け、ボンドを付けた刺し目を刺し込む。

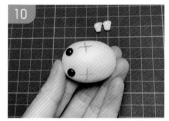

10

耳を付ける位置を決める。凹ませた部分を頭からお腹にかけて、鼻先から見て目からお尻に向かって線を引く。交わった所が耳を付ける位置。

11

まち針で耳を留めてバランスを見る。

12

横から見た状態。位置が決まればボンドで固定する。

13

チャコペンで尻尾を付ける位置のアタリを付ける。左右対称で、なるべく下の位置に付けるとバランスが良い。

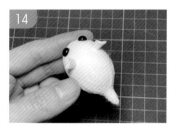

14

尻尾の根本にボンドを付け、アタリの位置に貼り付ける。ニードルで刺して固定する。

15

ファーを貼り付ける時のカットする目安のアタリをチャコペンで描いていく。正面から見たところ。

【原寸イメージ】- -

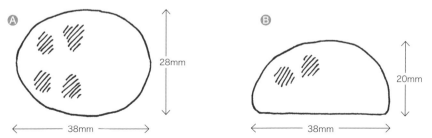

Ⓐ 28mm 38mm

Ⓑ 20mm 38mm

裏から見たところ。

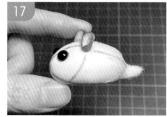

横から見たところ。

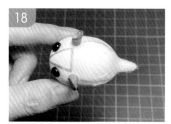

上から見たところ。貼り付けやすいよ
うにアタリを変えてもOK。なるべく
大きい面になるようにファーをカット
して貼り付けると仕上がりが綺麗。

お腹の部分の白いファーをカットして
貼る。

お尻の部分もアタリに沿ってファーを
カットし、それぞれ貼り付けていく。

お尻の部分のファーを貼り付けたとこ
ろ。

ある程度貼り付けたタイミングでファ
ーをカットしておくと、形が行方不明
になりづらい。

お尻の部分のカットが済んだところ。

横から見たところ。

お尻から見たところ。

お顔部分もファーを貼り付ける。
※〈顔〉作り方（31p）参照。

カットして全体的に形を整えていく。

正面から見たところ。

横から見たところ。

お尻から見たところ。

顔の前面を整える。

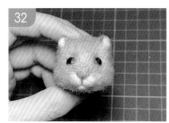

正面から見たところ。

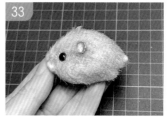

横から見たところ。

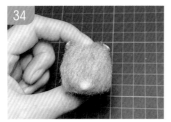

お尻から見たところ。

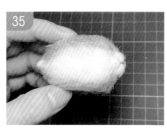

お腹から見たところ。

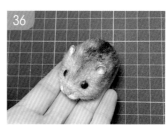

お尻の穴を整え、アルコール染料インクで染色して、ヒゲをつけて完成。
※〈お尻〉作り方（24p）、〈顔〉作り方（31p）参照。

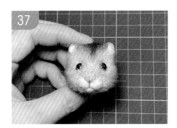

正面から見たところ。

横から見たところ。

お尻から見たところ。

POST CARD

料金受取人払郵便

小石川局承認

7741

差出有効期間
2025 年
6 月 30 日まで
(切手不要)

112 - 8790

127

東京都文京区千石 4 -39-17

株式会社　産業編集センター

出版部　行

⑪⑪·⑪·⑪°⑪°⑪⑪⑪·⑪·⑪°⑪⑪⑪⑪⑪⑪⑪⑪⑪⑪⑪⑪⑪⑪⑪⑪⑪⑪⑪

★この度はご購読をありがとうございました。
お預かりした個人情報は、今後の本作りの参考にさせていただきます。
お客様の個人情報は法律で定められている場合を除き、ご本人の同意を得ず第三者に提供する
ことはありません。また、個人情報管理の業務委託はいたしません。詳細につきましては、
「個人情報問合せ窓口」(TEL：03-5395-5311〈平日 10:00 ～ 17:00〉) にお問い合わせいただくか
「個人情報の取り扱いについて」(http://www.shc.co.jp/company/privacy/) をご確認ください。

※上記ご確認いただき、ご承諾いただける方は下記にご記入の上、ご送付ください。

株式会社 産業編集センター　個人情報保護管理者

ふりがな
氏　名

（男・女／　　　歳）

ご住所　〒

TEL：　　　　　　　　　　　　　　　　│　E-mail：

新刊情報を DM・メールなどでご案内してもよろしいですか？	□可　□不可
ご感想を広告などに使用してもよろしいですか？	□実名で可　□匿名で可　□不可

ご購入ありがとうございました。ぜひご意見をお聞かせください。

■ お買い上げいただいた本のタイトル

ご購入日：　　　年　　　月　　　日　　書店名：

■ 本書をどうやってお知りになりましたか？

☐ 書店で実物を見て
☐ 新聞・雑誌・ウェブサイト（媒体名　　　　　　　　　　　　　　　　　）
☐ テレビ・ラジオ（番組名　　　　　　　　　　　　　　　　　　　　　）
☐ その他（　　　　　　　　　　　　　　　　　　　　　　　　　　　　）

■ お買い求めの動機を教えてください（複数回答可）

☐ タイトル　☐ 著者　☐ 帯　☐ 装丁　☐ テーマ　☐ 内容　☐ 広告・書評
☐ その他（　　　　　　　　　　　　　　　　　　　　　　　　　　　　）

■ 本書へのご意見・ご感想をお聞かせください

■ よくご覧になる新聞、雑誌、ウェブサイト、テレビ、
　　よくお聞きになるラジオなどを教えてください

■ ご興味をお持ちのテーマや人物などを教えてください

ご記入ありがとうございました。

お腹から見たところ。

上から見たところ。元のベースとの比較写真。ファーを貼り付け、細部を整えることでこれくらい仕上がりサイズが変わる。

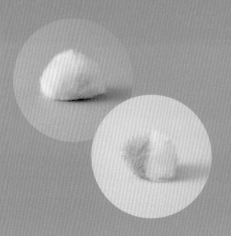

キンクマ・ロボロフスキーハムスター
〈お尻〉作り方

バリエーションでキンクマとロボロフスキーのお尻の作り方です。サイズ感がわかりやすいように、途中比較しながら説明していきます。ベースはほんの少しのサイズ差ですが、ファーを貼り付けると全体の様子が変わります。

道具と材料

ハサミ／ニードル／目打ち／クシ／ファー（白・ベージュ・ブラウン）／羊毛フェルト（ピンク・赤）／手芸用ボンド／軽量粘土／粘土ヘラ／歯ブラシ／アルコール染料インク／手芸用チャコペン（消えるタイプ）／パジコカラースケール／クッキングシート／カッティングボード

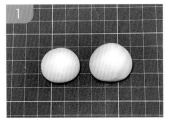

1 粘土を計量する。ロボロフスキーはジャンガリアンと同じ小さじ1.5、キンクマには小さじ2の粘土を使用する。➡Ⓐ

2 ロボロフスキーはジャンガリアンと同じサイズの縦25mm・横35mm、キンクマは縦28mm・横32mmの楕円に形を整え、完全に乾燥させる。➡Ⓑ

3 キンクマの尻尾を作る。ピンクの羊毛フェルトをひとつまみ用意する。

4 ジャンハムの尻尾の作り方と同じように、ピンクの羊毛フェルトを尻尾の形に刺し固めていく。サイズはジャンハムの尻尾より一回り大きめに作る。

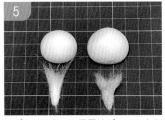

5 ロボロフスキーの尻尾はジャンハムと同じサイズで作る。ロボロフスキー（左）とキンクマ（右）の土台と尻尾を並べて上から見たところ。

6 尻尾の位置を決める。土台の左右中央、上下2：1の位置に、チャコペンでアタリを付ける。

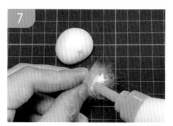

尻尾の根本にボンドを付け、印を付けた部分に尻尾の根本を合わせて貼り付ける。ニードルで根本部分を刺して更に土台に密着させる。

キンクマ（右）とロボロフスキー（左）の土台に尻尾を付け、並べて上から見たところ。

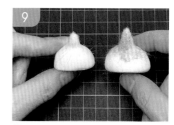

横から見たところ。

ここからは
キンクマお尻の作り方。

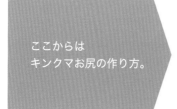

チャコペンで白いファーを貼り付ける部分のアタリを付ける。尻尾の下部分を半円状に。

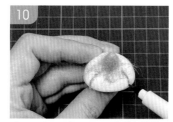

アタリに合わせて、白ファーをカットする。ファーの毛は全て尻尾の方へ流れるように気を付ける。

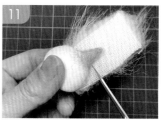

ファーの裏地にボンドを満遍なく付ける。

アタリに合わせてファーを貼り付け、ニードルで刺して密着させる。

背中部分にベージュのファーを貼る。広い曲面に一度にファーを貼るのは難しいので、背中中心・右・左の三箇所に分けて貼り付ける。

【原寸イメージ】

Ⓐ　　28mm　32mm

Ⓑ　　20mm　32mm

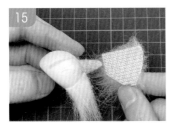

ファーは、基本は毛の流れる下の方から貼る。キンクマの背中の場合は左右の部分を先に貼り付ける。

アタリに合わせてファーをカットし、裏地にボンドを付けて貼り付ける。

白ファーとベージュファーの境目は特にしっかり馴染むように、互いのファーを絡めながら刺していく。

背中のベージュファーを左右貼り付けたところ。

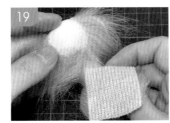

背中中心部分のアタリに合わせてベージュファーをカットしていく。まずはアタリのサイズに合わせて四角くカット。

貼り付ける部分に当てて、アタリより一回り大きくカットする。

ファーの裏地にボンドを薄く満遍なく塗り、土台の背中に沿って貼り付ける。

まずは境目をニードルで刺して馴染ませ、その後にファーをかき分けながら全体的に刺して貼り付けていく。

土台全体にファーを貼り付けたところ。

カットして丸く整えていく。尻尾を目安にざっくりと長さをカット。

ニードルでファーを放射線状に立ててからカットすると長さが揃えやすい。

毛先の余分な部分を少しずつカットしていく。

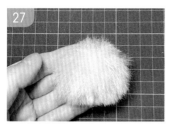

カットして整え、上から見たところ。

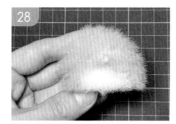

横から見たところ。

尻尾の数mm下の部分にお尻の穴を作る。少量の赤とピンクの羊毛を丸めて刺し付けていく。

自然に馴染むようにお尻の穴を整える。

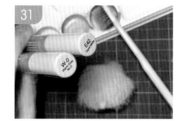

アルコール染料インクでファーを染色していく。

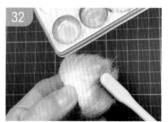

まずは薄い色味で全体的に薄く汚しを入れていく。

黄色味が強いアルコールインクで背中部分を自然なグラデーションになるよう染色していく。

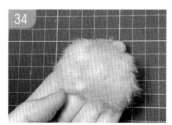

アルコール染料インクが乾いてからクシで整えた後の、完成したキンクマお尻。

尻尾側から見たところ。

上から見たところ。

ここからは
ロボロフスキーお尻の
作り方。

チャコペンでブラウンファーを貼り付ける部分のアタリを付ける。

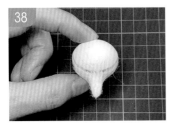

38 尻尾のちょっと上部分を半円状に。

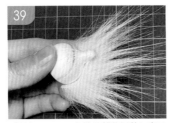

39 ブラウンファーを貼る部分以外に白ファーを貼り付けていく。まずは尻尾の下の部分から。

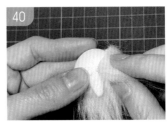

40 次は尻尾の左右。尻尾の上の数mmの部分にも白ファーがしっかり貼り付けられるようにファーをカットしていく。

41 尻尾から見て右側に貼る白ファーをカットしたところ。

42 白ファーの裏地にボンドを薄く満遍なく塗って貼り付けていく。

43 ニードルで刺してファー馴染ませ密着させていく。

44 ブラウンファーを貼り付ける位置に合わせてカットする。

45 ブラウンファーの裏地にボンドを薄く満遍なく塗って背中部分に貼り付ける。

46 ファーと土台をニードルで刺して馴染ませ、より密着させていく。

47 ボンドがある程度乾いたら、ファーにクシを通して整える。

48 カットして丸く整えていく。尻尾を目安にざっくりと長さをカットした後に、ファーをニードルで立てて細部の長さを整える。

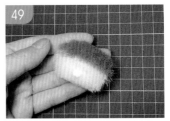

49 カットして整え、上から見たところ。

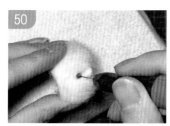

尻尾の数mm下の部分にお尻の穴を作る。少量の赤とピンクの羊毛を丸めて刺し付けていく。

自然に馴染むようにお尻の穴を整える。

アルコール染料インクでファーを染色していく。

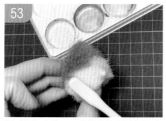

歯ブラシを使って全体的に薄く汚しを入れていく。

完成。斜め上から見たところ。

尻尾側から見たところ。

上から見たところ。

キンクマ（上）・ジャンガリアン（下左）・ロボロフスキー（下右）。上から見たところ。

キンクマのベースと出来上がりの比較。

ロボロフスキーのベースと出来上がりの比較。

ジャンガリアンのベースと出来上がりの比較。

キンクマ・ロボロフスキーハムスター
〈顔〉作り方

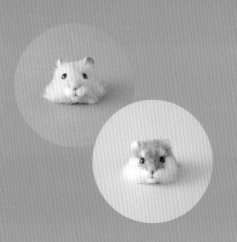

ジャンハムの顔の作り方を少しアレンジするだけでキンクマやロボロフスキーが作れます。キンクマはサイズを少々大きめに、ロボロフスキーは特徴的な眉毛を作り込んで。

道具と材料

ハサミ／ニードル／目打ち／クシ／ファー（白・ベージュ・ブラウン）／羊毛フェルト（ピンク・赤）／手芸用ボンド／軽量粘土／粘土ヘラ／歯ブラシ／アルコール染料インク／手芸用チャコペン（消えるタイプ）／パジコカラースケール／クッキングシート／カッティングボード／刺し目（6mm）／まち針／はけ（ヒゲ用）／ティッシュ

1 ベースを制作する。キンクマは小さじ2、ロボロフスキーはジャンハムと同じ小さじ1.5の軽量粘土を使用。
※ジャンハム〈顔〉作り方（31p）参照。

2 キンクマベースは縦横約30mm、高さ約25mm。ロボロフスキーはジャンハムと同じサイズ。➡ Ⓐ

3 キンクマの耳のベースはパジコカラースケールのDのサイズ分の粘土を使用する（約10mmの球サイズ）。ロボロフスキーはジャンハムと同じサイズ。➡ Ⓑ

アルコール染料インクで耳を塗る。キンクマはジャンハムと同じグレー系、ロボロフスキーは茶系の色味で。

5 大きさの比較。キンクマは一回り大きく、ロボロフスキーはジャンハムと同じサイズ。

まずはキンクマ
顔の作り方。

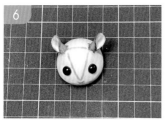

チャコペンでファーを貼り付けるアタリを付けていく。

前から見たところ。

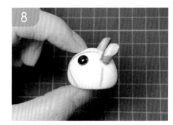

横から見たところ。

後ろから見たところ。

ジャンハム制作過程を参考に、毛流れにそって全体にベージュのファーを貼り付ける。
※ジャンハム〈顔〉作り方(31p)参照。

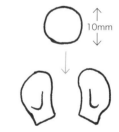

横から見たところ。

【原寸イメージ】

Ⓐ キンクマのベース

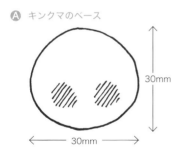

30mm
30mm

25mm
30mm

Ⓑ キンクマの耳

10mm

Ⓐ ロボロフスキーのベース

25mm
28mm

20mm
28mm

Ⓑ ロボロフスキーの耳

7mm

後ろから見たところ。

斜め上から見たところ。

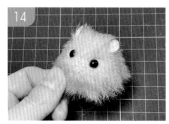
カットして全体を整える。

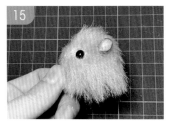
横から見たところ。

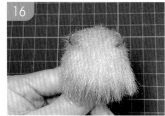
後ろから見たところ。

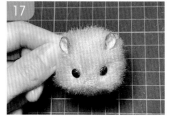
上から見たところ。

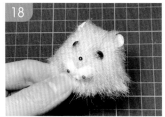
鼻先はベージュファー、口元は白ファーで顔前面を整える。
※ジャンハム〈顔〉作り方（31p）参照。

横から見たところ。

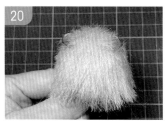
後ろから見たところ。

前から見たところ。

斜め上から見たところ。

位置が決まったらピンクの羊毛フェルトで鼻先を整え、ボンドで接着する。赤い羊毛フェルトで口元にラインを入れる。

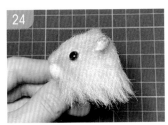

横から見たところ。

後ろから見たところ。

正面から見たところ。

斜め上から見たところ。

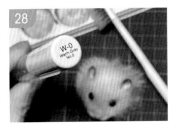

アルコール染料で全体に汚しを入れていく。まずは薄い色味から。

キンクマに合うオレンジの色味のアルコール染料を重ねていく。

頭の部分、後頭部、目の後ろなど、自然なグラデーションになるように。

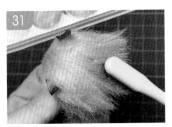

乾くと色味が薄くなるため、そのことも考慮して色を重ねていく。

口元をピンクのアルコール染料インクペンで塗る。

キンクマは鼻の下の部分にベージュの色味がある子が多いので、ファーと似た色味のアルコール染料インクペンで塗る。

不自然にならないよう自然に馴染ませる。

バランス良くヒゲを付けて完成。

横から見たところ。

後ろから見たところ。

正面から見たところ。

上から見たところ。

次はロボロフスキー
顔の作り方。

チャコペンでファーを貼り付けるアタ
リを付ける。

ロボロフスキーのブラウンの色味の部
分と白い色味の部分を仕分けるように
チャコペンでアタリを付けていく。

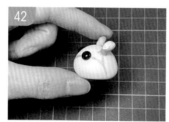

横から見たところ。

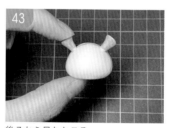

後ろから見たところ。

アタリに沿って、ブラウンファーと白
ファーを貼り付ける。

横から見たところ。

後ろから見たところ。

正面から見たところ。

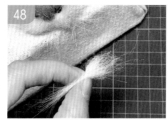

ロボロフスキーの眉毛を刺し付ける。ひとつまみの白いファーを使用する。

ベースに貼り付けたファーのボンドが乾かないうちに、目の上に白のファーを刺し込んでいく。まずはファーの中心部分を刺し目の上に刺し付ける。

白ファーを折り畳むようにして、目の縁に沿ってしっかり刺し付けていく。刺し付ける範囲は目の上のほんの一部分。

片方の眉毛が刺し付けられたところ。

もう片方の目の上も同じように白いファーを刺し付けていく。

正面から見たところ。ここからカットで全体を整えていく。

カットで整えると眉毛部分がはっきりする。

横から見たところ。

後ろから見たところ。

上から見たところ。

鼻先はブラウンファー、口元は白ファーで顔前面を整える。
※ジャンハム〈顔〉作り方 (31p) 参照。

横から見たところ。

後ろから見たところ。

正面から見たところ。

上から見たところ。

位置が決まったらピンクの羊毛フェルトで鼻先を整え、ボンドで接着する。赤い羊毛フェルトで口元にラインを入れる。

横から見たところ。

後ろから見たところ。

正面から見たところ。

上から見たところ。

アルコール染料で全体に汚しを入れていく。

全体に汚しを入れたのと同じ色味を、ブラウンファーと白ファーの境目に特に濃く入れていく。境目が自然に馴染む。

バランス良くヒゲを付けて完成。

横から見たところ。

後ろから見たところ。

正面から見たところ。

上から見たところ。

キンクマ・ロボロフスキーハムスター
〈全身〉作り方

キンクマとロボロフスキーの全身も、ジャンハムと同じように顔とお尻を組み合わせて作れます。ジャンハムの全身制作過程と、ポイントの画像を参考にしてください。ハムを3種類並べるとよりいっそう可愛いですよ！

▷ 道具と材料 ◁　ハサミ／ニードル／目打ち／クシ／ファー（白・ベージュ・ブラウン）／羊毛フェルト（ピンク・赤）／手芸用ボンド／軽量粘土／粘土ヘラ／歯ブラシ／アルコール染料インク／手芸用チャコペン（消えるタイプ）／パジコカラースケール／クッキングシート／カッティングボード／刺し目（6mm）／まち針／はけ（ヒゲ用）／ティッシュ

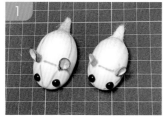

1

キンクマのベース（左）には小さじ4の粘土、ロボロフスキーのベース（右）にはジャンハムと同じ小さじ3の粘土を使用する。➡Ⓐ

まずはキンクマ全身の作り方。

2

ベースを整え耳と尻尾を付ける。ファーを貼り付ける時のカットする目安のアタリをチャコペンで付ける。➡Ⓑ
※ジャンハム〈全身〉作り方（45p）参照。

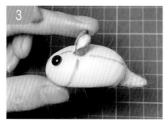

3

横から見たところ。

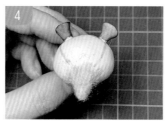

4

尻尾側から見たところ。

5

正面から見たところ。

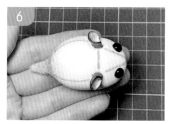

上から見たところ。

お腹から見たところ。お腹の部分のみ白ファー、他の部分はベージュファーを毛流れに沿って貼り付ける。

全体にベージュのファーを貼り付ける。※ジャンハム〈全身〉作り方（45p）参照。

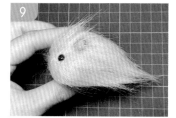

横から見たところ。

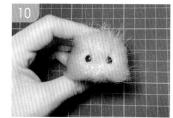

正面から見たところ。

上から見たところ。

お腹から見たところ。

カットして全体的に形を整えていく。

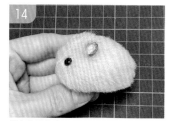

横から見たところ。

【原寸イメージ】

Ⓐ

30mm

42mm

Ⓑ

20mm

42mm

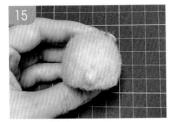

お尻から見たところ。

正面から見たところ。

上から見たところ。

お腹から見たところ。

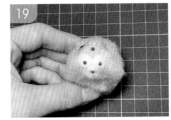

顔の前面を整える。

斜横から見たところ。

斜め上から見たところ。

アルコール染料インクで全体に汚しを入れていく。まずは薄い色味から。

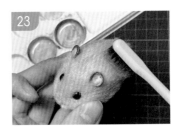

キンクマに合うオレンジの色味のアルコール染料インクを重ねていく。

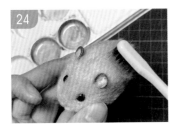

頭の部分、後頭部、目の後ろなど、自然なグラデーションになるように。
※キンクマ〈顔〉作り方（57p）参照。

お尻の穴を整え、バランス良くヒゲを付けて完成。

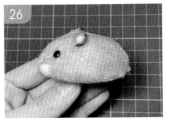

横から見たところ。

お尻から見たところ。

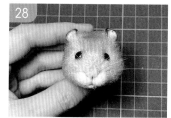

正面から見たところ。

上から見たところ。

お腹から見たところ。

次はロボロフスキー
全身の作り方。

チャコペンでファーを貼り付けるため
のアタリを付ける。

ロボロフスキーのブラウンと白の色味
の境目を意識してアタリを付ける。横
から見たところ。

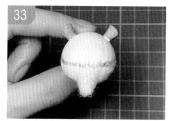

尻尾側から見たところ。

正面から見たところ。

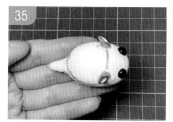

上から見たところ。

お腹から見たところ。

全体にファーを貼り付ける。
※ロボロフスキー〈顔〉作り方（60p）
参照。

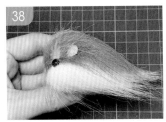
横から見たところ。

尻尾側から見たところ。

正面から見たところ。

上から見たところ。

お腹から見たところ。

カットして全体的に形を整えていく。

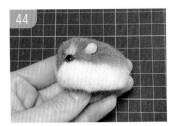
横から見たところ。

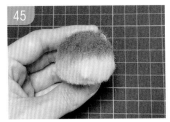
尻尾側から見たところ。

正面から見たところ。

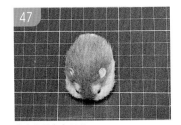
上から見たところ。

お腹から見たところ。

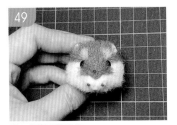
顔の前面を整える。

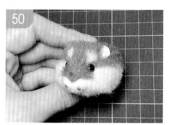

斜め横から見たところ。

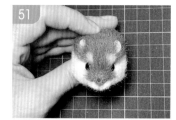

上から見たところ。

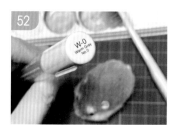

アルコール染料インクで全体に汚しを
入れていく。

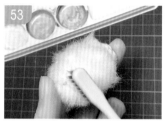

ムラなく自然に馴染むように。

お尻の穴を整え、バランス良くヒゲを
付けて完成。

横から見たところ。

尻尾側から見たところ。

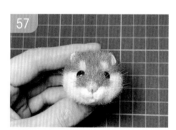

正面から見たところ。

上から見たところ。

お腹から見たところ。

ハム3種を並べてみるとこんな感じ。

ヤマネ
〈全身〉作り方

ジャンガリアンハムスターの全身の尻尾と耳を、長い尻尾と大きめの耳に変更すれば、ヤマネを作ることができます。ポイントは尻尾の形と耳の位置です。

道具と材料

ハサミ／ニードル／目打ち／クシ／ファー（白・ブラウン）／羊毛フェルト（ピンク・赤）／手芸用ボンド／軽量粘土／粘土ヘラ／歯ブラシ／アルコール染料インク／手芸用チャコペン（消えるタイプ）／パジコカラースケール／クッキングシート／カッティングボード／刺し目（6mm）／まち針／はけ（ヒゲ用）／ティッシュ／油性マジック／針金モール／クリップ／針／糸（ブラウン）

1
小さじ3の粘土を使用する。
※ジャンハム〈全身〉作り方（45p）参照。

2
ヤマネの耳のベースはパジコカラースケールのDのサイズ分の粘土を使用する（約10mmの球サイズ）。

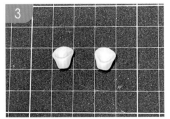

3
ヘラを使って真ん中を凹ませ、ジャンハムより大きく丸っこい形に整える。

4
耳を付ける位置を決める。ジャンハムと比べてやや下の位置に付けるよう意識する。

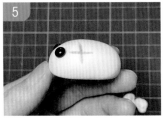

5
凹ませた部分を頭からお腹にかけて、鼻先から見てジャンハムよりやや下寄りの目からお尻に向かって線を引く。交わった所が耳を付ける位置。

6
上から見たところ。

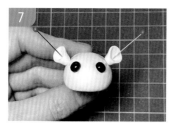

まち針で耳を留めてバランスを見る。

横から見たところ。

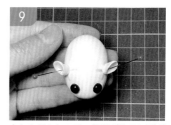

上から見たところ。位置が決まればボンドで固定し、茶系のアルコール染料インクで耳を塗る。

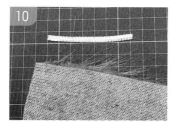

尻尾を作る。針金モールを約70mmにカットする。ブラウンファーの流れは根本から尻尾の先へ流れるように。→Ⓐ

モールにブラウンファーを巻き付ける。一回り巻いてちょうど良い長さと幅にカットする（この時の長さは約65mm、幅約15mm）。

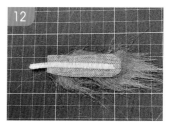

上から見たところ。モールの根本15mm残してブラウンファーを巻き付ける。尻尾の先の方は角を取り丸める。

ブラウンファーの裏地全体にボンドを適量塗る。

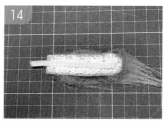

モールの根本15mmを残しボンドを塗ったファーの上に配置する。

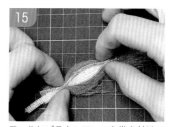

モールにブラウンファーを巻き付けてファーをギュッと指で押さえ、ファーのボンドがモールに馴染むように貼り付ける。

【原寸イメージ】

Ⓐ

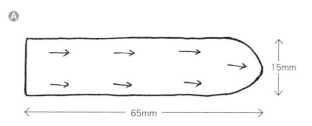

15mm

65mm

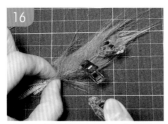

16 ファーの端の部分をクリップで留めていく。モール自体を挟み込んで留めると不自然にモールが凹んでしまうため、モールを避けてファー同士だけを挟む。

17 クリップで留めたところ。ボンドがある程度乾くまで置いておく。

18 ボンドが乾いてクリップを外したところ。

19 ファーの端同士を、ブラウンの細めの糸を通した針でかがっていく。

20 針と糸でかがったところ。かがった部分が剥き出しになっている。

21 かがった部分を隠すように、周りのブラウンファーをニードルで刺し込んで馴染ませていく。針金にニードルが当たると折れやすいので注意する。

22 馴染ませたところ。かがった部分が隠れ自然に毛並みを流せたらOK。

23 クシで尻尾の毛流れを整える。

24 尻尾の先の毛が長すぎてスカスカなので、自然な長さにカットして整えていく。

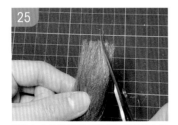

25 毛先に丸みを付けて自然に見えるように。

26 尻尾の毛の全体の長さを揃えたいので、ニードルでモールに対して垂直にファーの毛を立てる。

27 モールと水平にハサミを入れてカットしていく。

カットが済んだところ。

クシを通して毛並みを整える。

尻尾が仕上がった。本体のベースとのサイズ比較はこのような感じ。

チャコペンで尻尾を付ける位置のアタリを付ける。左右対称で、なるべく下の位置に付けるとバランスが良い。

アタリに目打ちで穴を開け、尻尾の根本のモール部分にボンドを付けて刺し込む。

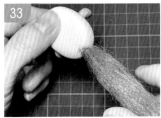

尻尾の根本のモール部分を刺し込んだところ。ボンドがはみ出た場合はティッシュなどで拭き取る。

ファーを貼る目安のアタリをチャコペンで描いていく。

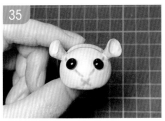

正面から見たところ。

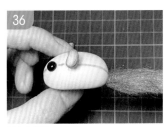

横から見たところ。

お腹から見たところ。

アゴ下からお腹にかけてのみ白ファー、他の部分はブラウンファーを貼り付ける。

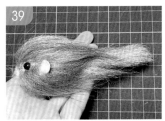

横から見たところ。

後ろから見たところ。

上から見たところ。

お腹から見たところ。

カットして全体的に形を整えていく。

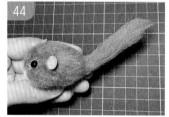
横から見たところ。

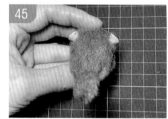
後ろから見たところ。

正面から見たところ。

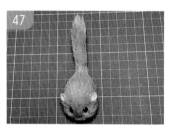
上から見たところ。

お腹から見たところ。

顔の前面のパーツを作り、まち針で仮
止めする。
※ジャンハム〈顔〉作り方（31p）参照。

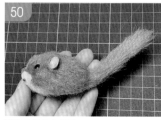
横から見たところ。

後ろから見たところ。

52

正面から見たところ。

53

上から見たところ。

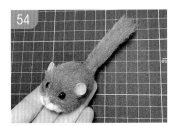

54

鼻先を作り込み、顔のパーツをボンドで接着し、口元に赤い羊毛フェルトを刺し込み整える。

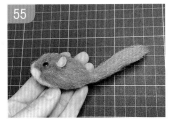

55

横から見たところ。

56

後ろから見たところ。

57

上から見たところ。

58

お腹から見たところ。

59

アルコール染料インクで着色していく。まずは薄い色味で汚しを入れ、その後濃いブラウンを自然に重ねていく。

60

薄い色味のアルコール染料インクでブラウンファーと白ファーの境目をぼかす。濃いブラウンの色味は背中部分に多めに自然に。

61

ヤマネは目元に黒い色味が入っている子が多いので、ピンポイントにペン形のアルコール染料インクで入れていく。

62

目元のあたりを薄く汚していく。

63

背中の中心部分にも薄くラインを入れる。

64 ヒゲを作る。黒くて細いヒゲがなかなか見つからなかったため、細い毛のハケを黒の油性マジックで染めていく。

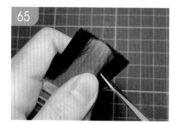

65 毛先から約20mmの長さにカットする。

66 このぐらいの長さのイメージ。バランス良くヒゲを付けていく。

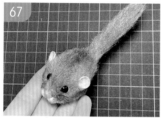

67 お尻の穴を整え完成。

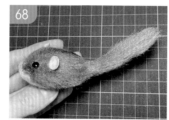

68 横から見たところ。

69 後ろから見たところ。

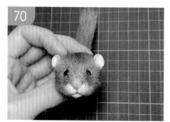

70 正面から見たところ。

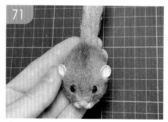

71 上から見たところ。

72 お腹から見たところ。

シマリス
〈お尻〉作り方

シマリスのお尻はシマシマの印象が強いですね。シマの表現がちょっと難しいですが、細身の尻尾の表現にファーリークレイ®は最適です。触れて自由に曲げることもできる、尻尾の作り方です。

道具と材料

ハサミ／ニードル／目打ち／クシ／ファー（白・ベージュ・ブラウン）／羊毛フェルト（ピンク・赤）／手芸用ボンド／軽量粘土／粘土ヘラ／歯ブラシ／アルコール染料インク／手芸用チャコペン（消えるタイプ）／パジコカラースケール／クッキングシート／カッティングボード／針金モール／クリップ／針／糸（ブラウン）

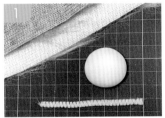

1

お尻のベースは小さじ2の粘土を使用。シマリスの尻尾のベースとして針金モールを約80mmにカットする。※キンクマ〈お尻〉作り方（24p、51p）参照。➡Ⓐ

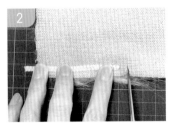

2

ベージュファーをモールに一回り巻いてちょうど良い長さと幅にカットする。（この時の長さは約80mm、幅約20mm）ファーの流れは根本から尻尾の先へ。

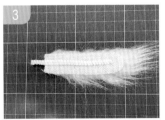

3

上から見たところ。モールの根本15mm残してベージュファーを巻きつける。尻尾の先は角を取り丸める。

【原寸イメージ】

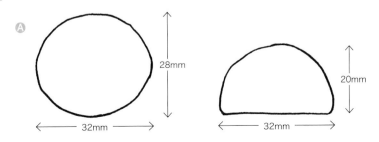

Ⓐ

28mm

32mm

20mm

32mm

ベージュファーの裏地全体にボンドを
適量塗る。

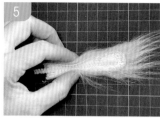

モールにベージュファーを巻き付けて
ファーをギュッと指で押さえ、ファー
のボンドがモールに馴染むように貼り
付ける。

ファーの端の部分をクリップで留めて
いく。モール自体を挟み込んで留める
と不自然にモールが凹んでしまうため、
モールを避けてファー同士だけを挟む。

ボンドが乾いてからクリップを外す。

ブラウンファーでシマリスのシマ部分
を作る。クリップで挟んでいた部分が
隠れる長さにブラウンファーをカット
する。

並べて上から見たところ。この時のブ
ラウンファーの長さは約80mm、幅約
8mm。

ブラウンファーの裏地全体にボンドを
適量塗る。

ベージュファーの接着部分を隠すよう
にブラウンファーを貼り付ける。なる
べくファーを挟まないようかき分けて
クリップで留め、ボンドを乾かす。

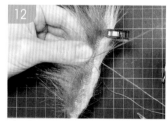

ブラウンの細めの糸を通した針で、ブ
ラウンファーの周りをかがって留めて
いく。

針と糸でかがったところ。かがった部
分が剥き出しになっている。

かがった部分を隠すように、周りのファ
ーをニードルで刺し込んで馴染ませて
いく。針金にニードルが当たると折
れやすいので注意する。

かがった部分が隠れたら、クシで尻尾
の毛流れを整える。

16 尻尾の先の毛が長すぎてスカスカなので、自然な長さにカットして整えていく。

17 ニードルでモールに対して垂直にファーの毛を立て、モールに対して水平にハサミを入れてカットしていく。

18 クシを通して毛並みを整える。

19 尻尾が仕上がったところ。

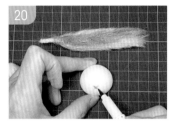

20 チャコペンで尻尾の位置のアタリを付ける。土台の左右中央、上下2:1の位置。

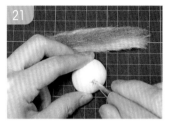

21 アタリに目打ちで穴を開ける。

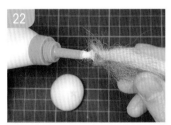

22 尻尾の根本のモール部分にボンドを付けて刺し込む。ブラウンのファーが上にくるように配置する。

23 尻尾の根本のモール部分を刺し込んだところ。ボンドがはみ出た場合はティッシュなどで拭き取る。

24 チャコペンで白いファーを貼る部分のアタリを付ける。尻尾の下のお腹部分を半円状に。

25 チャコペンでシマリスのシマ模様のアタリも付ける。

26 横から見たところ。

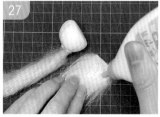

27 お腹部分のアタリに合わせて白ファーをカットし、裏地にボンドを満遍なく塗る。ファーの毛は全て尻尾の方へ流れるように。

白ファーをお腹部分のアタリに合わせて貼り付け、ニードルで刺して密着させる。

ベージュファーをアタリに合わせてカット。

ボンドで貼り付けてニードルで密着させていく。

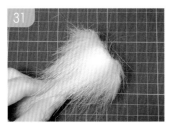
お腹側から見たところ。

ファーを貼り付ける順番は、基本は毛の流れる下の方から。シマリスのシマを貼り付ける時も、左右から背中の真ん中に向かって順番に貼る。

アタリに合わせて白ファーを貼る。

アタリに合わせてブラウンファーを貼る。

アタリに合わせてベージュファーを貼る。

アタリに合わせてブラウンファーを貼る。色の切り替えが多いため境目がゴツゴツしやすいので、しっかりニードルで馴染ませる。

ニードルで毛を立たせてカットしやすい状態にする。

カットして丸く整えていく。

尻尾の根本部分はカットしづらいので、根本を曲げるなどして慎重に整える。

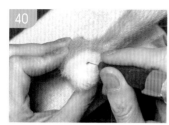

尻尾の数mm下の部分にお尻の穴を作る。少量の赤とピンクの羊毛を丸めて刺し付けていく。自然に馴染むようにお尻の穴を整える。

アルコール染料インクでファーを染色していく。

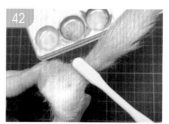

まずは薄い色味で全体的に薄く汚しを入れていく。

ファーの色味に合わせて、自然なグラデーションになるよう染色していく。

濃い色味は一番最後に染色する。

ペンタイプのアルコール染料インクで一番濃い部分のラインを描いていく。

シマ模様の中心部分を描いていく。

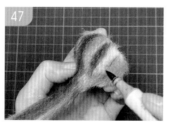

白ファーの横部分にも薄くラインを入れる。

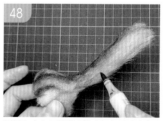

尻尾にもシマ模様が3本になるように、ブラウンファーの左右にラインを入れる。

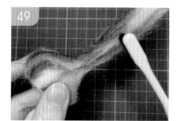

歯ブラシでとかして馴染ませる。

横から見たところ。

尻尾を自然な形に曲げることができる。

上から見たところ。

下から見たところ。

シマリス
〈顔〉作り方

キンクマのベースに、特徴的な尖った鼻を付けたら、シマリスのベースになります。シマリスはファーの色味の切り替えが多く、バランスを取るのが難しいため上級者向けですが、基本の作り方はハムスターと一緒です。

道具と材料

ハサミ／ニードル／目打ち／クシ／ファー（白・ベージュ・ブラウン）／羊毛フェルト（ピンク・赤）／手芸用ボンド／軽量粘土／粘土ヘラ／歯ブラシ／アルコール染料インク／手芸用チャコペン（消えるタイプ）／パジコカラースケール／クッキングシート／カッティングボード／刺し目（6mm）／まち針／はけ（ヒゲ用）／ティッシュ／油性マジック／カッター

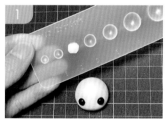

1 小さじ2の粘土を使用し形り、乾燥させて目を付けるところまで済ませておく。※キンクマ〈顔〉作り方（31p、57p）参照。➡Ⓐ

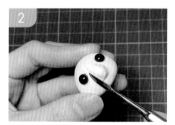

2 パジコカラースケールのCのサイズ分の粘土を、鼻部分としてベースに盛っていく。ベースに水をつけ、ヘラで境目をスムーズに馴染ませる。

3 目と目の中心に、三角形に鼻を形作る。正面から見たところ。

【原寸イメージ】

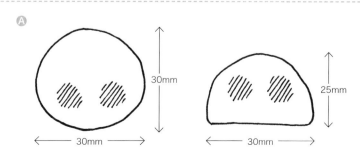

Ⓐ

30mm

30mm

25mm

30mm

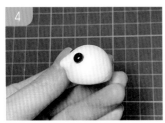

横から見たところ。

斜め上から見たところ。

ジャンハムの耳と同じように、粘土で耳のベースを作る（33p）。パジコカラースケールのCのサイズ分の粘土を使用する。➡ⓑ

耳の位置を決める。鼻先から見て2：1の部分に縦に線を入れる。鼻先から見て、目から後頭部に向かって線を引く。交わった所が耳を付ける位置。

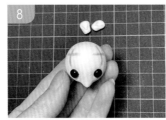

斜め上から見たところ。

後ろから見たところ。

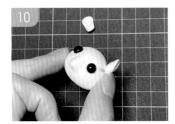

耳を顔の正面から見て横向きに付ける。

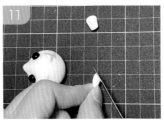

耳の根本部分が顔のカーブと合わない場合は、耳の根本部分をカーブに合わせてカッターでカットする。

アタリに合わせて耳をまち針で刺し、ベースに固定する。角度が左右対称になるように。位置が決まったら根本にボンドを付けて固定する。

【原寸イメージ】

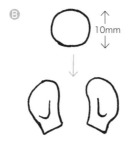

ⓑ ↑ 10mm ↓

84

横から見たところ。

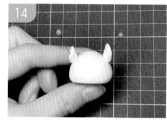

後ろから見たところ。

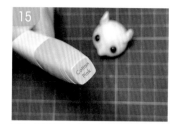

耳の内側部分にピンクのアルコール染料インクで色を塗っていく。

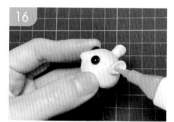

薄い色味を重ねていく。

耳の縁部分はベージュのアルコール染料インクで塗る。

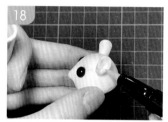

下地として薄く色味が乗ればOK。

耳の中心と裏側は濃いブラウンの色味のアルコール染料ペンを使用。

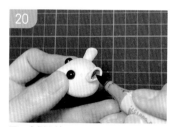

耳の内側を塗っていく。

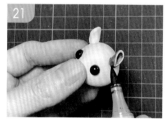

耳の縁の部分は残して、裏を塗っていく。境目にラインを引いて一気に塗るとムラになりにくい。

耳に色を塗ったところ。

土台にチャコペンでアタリを付ける。鼻先から耳を通って首に通るようにと、顎下に弧を描くように線を引く。アゴ下は白ファーを貼る部分。

上から見たところ。頭部分はブラウンファーを貼る部分。

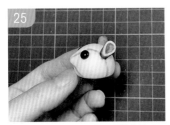

25

横から見たところ。目の下部分はベージュファーを貼る部分。

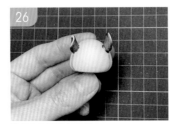

26

後ろから見たところ。

27

ファーを貼っていく。まずはアゴ下の白ファーから。

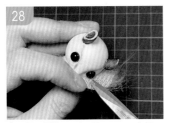

28

次に目の周りのベージュファーを貼っていく。アタリに合わせてファーをカットし、目の部分はファーに穴を開ける。

29

ベージュファーをカットしたところ。

30

ファーの裏面にボンドを薄く塗って、アタリに合わせて貼り付ける。まずは目の周りからニードルで刺して固定していく。

31

両目周りのベージュファーを貼ったところ。

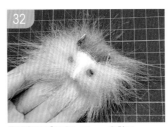

32

後頭部のブラウンファーを貼る。

33

鼻先からおでこ部分のブラウンファーを貼る。

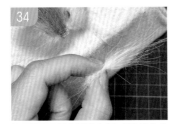

34

シマリスの目の周りの白い部分を作る。白ファーをひとつまみぶん取り分ける。

35

目の上と下に白ファーひとつまみ分ずつ刺し付けていく。ベージュファーのボンドが乾く前に刺し付ける。

36

両目の周りに白ファーを刺し付けたところ。

横から見たところ。

上から見たところ。

ファーをニードルで立て、バランス良くカットしていく。

全体的にカットし、斜め前から見たところ。

横から見たところ。

後ろから見たところ。

正面から見たところ。

頭の上から見たところ。

鼻先部分を作る。ブラウンファーをひとつまみ用意する。

束の中心をニードルで刺し固めていく。

ある程度固まったら半分に折って先端部分を刺し固める。この部分が鼻先になる。先端をしっかり固く固めておくとこの後の作業で形を作りやすい。

鼻先はベージュのファーも重ねて2色に作る。ベージュファーをひとつまみ用意する。

49

ベージュファーの束の中心も軽くニードルで刺し固める。

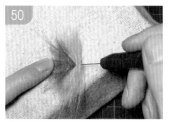
50

ブラウンファーで作った鼻先に、ベージュファーの軽く刺し固めた中心を被せて、ニードルで刺し固めて定着させる。

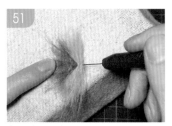
51

鼻先が仕上がったところ。先端に自然な丸みを持たせる。

52

土台の鼻先部分にまち針で仮止めする。

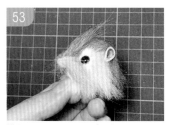
53

横から見たところ。ブラウンファーはおでこのブラウン部分に、ベージュファーは目元やほっぺたのベージュ部分に流れるようにファーの流れを整える。

54

正面から見たところ。鼻先が両目の中心になるようバランスをチェックする。

55

ジャンガリアンハムスターの口元と同じように、白ファーを丸く刺し固めて口元を作る。

56

斜め横から見たところ。

57

仮止めした状態で、鼻先と口元部分のファーのカットをする。

58

目がしっかり出るようにカットしていく。

59

鼻先と口元のカットが済んだところ。正面から見て左右対称になるようにバランスを整える。

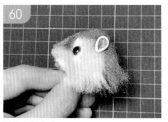
60

横から見たところ。

後ろから見たところ。

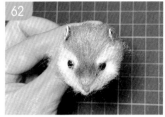

斜め上から見たところ。

アゴ下から見たところ。

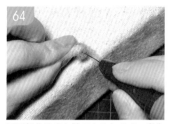

口元部分はまち針で止めたまま、鼻先だけ土台から外す。鼻先の下部分にピンクの羊毛フェルトを少量乗せ、刺し固めて定着させる。

ピンクの羊毛フェルトを刺し付ける位置は鼻の先端ではなくベージュ部分の下。

鼻先の土台部分と鼻先の裏面にボンドを乗せ、土台に接着してまち針で固定する。

鼻先を固定した後に、口元も同じようにボンドで貼り付けてまち針で固定する。

鼻先からのファーの流れをニードルで刺して整える。

鼻先を指でギュッと抑えて鼻筋が通るよう形を整える。

鼻先、口元のボンドが乾かないうちに、赤い羊毛フェルトを刺し付ける。指で少量の赤い羊毛フェルトをねじって、細いこよりにする。

鼻先から下唇に向かっても赤い羊毛フェルトを刺し付ける。

赤い羊毛フェルトを刺し付けたところ。口元がハッキリした。

横から見たところ。

後ろから見たところ。

斜め上から見たところ。

アゴ下から見たところ。

ボンドが乾いてからまち針を外す。まち針で止めていた部分が凹んで跡になっているため、ニードルで引っ掻いて跡を消す。

アルコール染料インクでファーを染色していく。

薄い色味で全体的に薄く汚しを入れていく。

ファーの色味に合わせて、自然なグラデーションになるよう染色していく。濃い色味は一番最後に染色する。

ペンタイプのアルコール染料インクで一番濃い部分のラインを描いていく。

シマリスの顔のシマを描く。ブラウンファーとベージュファーの境目に薄く線を入れる。

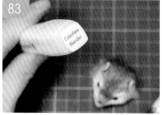

思っていたより濃くなってしまったり、色味が浮いて見える場合はカラーブレンダーを使うと良い。

気になる部分をカラーブレンダーでなぞるようにしてぼかす。

ティッシュで拭うようにすると濃い色味がティッシュに移り色が薄まる。

シマリスの鼻の先端部分に色を入れる。

鼻先から目尻、耳の根本にかけてラインを入れる。

目の下の部分にもラインを入れる。ラインの端は徐々に薄く消えていくように（カラーブレンダーで調整してもOK）。

ペンタイプのピンクのアルコール染料インクで口元を塗る。

ヒゲを付ける。ヤマネと同じように黒いヒゲを用意する。ヒゲを生やしたい部分に目打ちで穴を開ける。

目打ちで開けた穴にボンドを付けたヒゲを差し込む。

完成。

横から見たところ。

後ろから見たところ。

正面から見たところ。

頭の上から見たところ。

ウサギ
〈お尻〉作り方

ウサギのお尻の作り方は、くるんとした尻尾さえ作れてしまえば
後はキンクマのお尻とほぼ同じです。ファーで薄いパーツが作れ
ると、耳などのパーツ作りに応用することができます。

道具と材料 ハサミ／ニードル／目打ち／クシ／ファー（白・ベージュ）／手芸用ボンド／軽量粘土／粘土
ヘラ／歯ブラシ／アルコール染料インク／しるし付けペン／パジコカラースケール／クッキ
ングシート／カッティングボード

1 キンクマのお尻と同じ小さじ2の粘土
を使用。ベージュファーを縦23mm・
横20mmの四角の下側角を丸くカット。
毛流れに注意する。

2 尻尾は白とベージュのファーを貼り合
わせて作る。ベージュファーより一回
り大きく白ファーをカットする。毛流
れがベージュと同じ方向になるように。

3 尻尾をカットした状態。ベージュファー
が表面で、白ファーが裏面になる。
➡Ⓐ

4 ファーの裏地にボンドを薄く塗る。裏
に染み出さないように分量に気を付け
る。

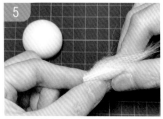

5 ファーを貼り合わせる。白ファーが一
回りはみ出るように位置を合わせる。

6 このままだと合わせたフチが目立って
しまうので、ニードルで裏面の白ファ
ー縁の毛を表面のベージュファーの側
へ刺し込み、馴染ませる。

尻尾のファーの余分な部分をカットしていく。下地より一回り大きくカットする。

ファーの毛を立てて、自然な毛流れになるようカットする。

尻尾のファーをカットして整えたところ。

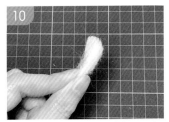

横から見たところ。境目が綺麗に隠れていればOK。

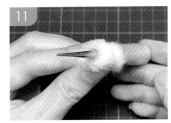

ウサギの尻尾のクルンとしたカーブを作る。尻尾のボンドが乾く前に、目打ちなどの細い棒に巻き付けて癖を付ける。そのまま乾かす。

尻尾にカーブが付いた。

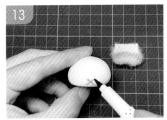

尻尾の位置を決める。土台の左右中央、フチギリギリの位置に、チャコペンでアタリを付ける。

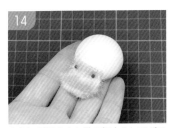

土台に尻尾をまち針で仮止めしてバランスを確認する。

土台と接着する尻尾の根本部分のファーをカットして、土台に付けやすいようにしておく。

【原寸イメージ】

Ⓐ ベージュファー

白ファー

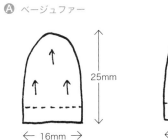

25mm

16mm →

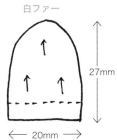

27mm

← 20mm →

93

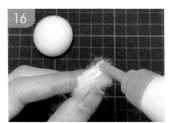

尻尾の根本部分にボンドを付ける。

土台のアタリに再度合わせてまち針で固定する。根本部分をニードルで刺してより密着させる。

横から見たところ。

背中部分にベージュのファーを貼る。背中中心・右・左の3箇所に分けて貼り付ける。チャコペンでアタリを入れる。

ファーをアタリに合わせてカットする。

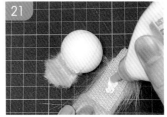

ファーの裏地にボンドを満遍なく付ける。

アタリに合わせてファーを貼り付け、ニードルで刺して密着させる。

背中のベージュファーを左右貼り付けたところ。

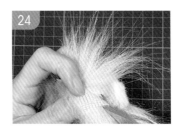

背中中心部分のアタリに合わせてベージュファーをカットしていく。

ファーの裏地にボンドを塗り、土台の背中に沿って貼り付ける。ファーの境目を重点的に、全体にニードルで刺して貼り付けていく。

クシでとかして毛並みを整える。

カットして丸く整えていく。

ニードルでファーを放射線状に立ててからカットすると長さが揃えやすい。

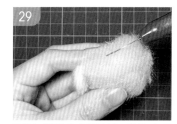

毛流れが気になる所はピンポイントで整える。長さを揃えると自然な毛流れになる。

毛先の余分な部分を少しずつカットしていく。

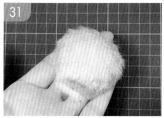

カットして整えたところ。

横から見たところ。

後ろから見たところ。

上から見たところ。

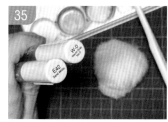

アルコール染料インクでファーを染色していく。

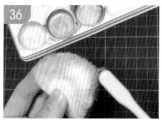

薄い色味で全体的に薄く汚しを入れていく。

黄色味が強いアルコールインクで背中部分を自然なグラデーションになるよう染色していく。

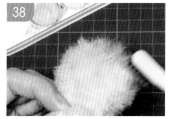

毛流れとは逆方向にブラシを動かして、中の方まで染色する。

アルコール染料インクが乾いてからクシで整え、完成。

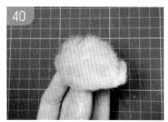

40

横から見たところ。

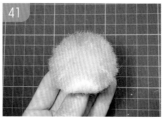

41

後ろから見たところ。

42

上から見たところ。

ウサギ
〈顔〉作り方

キンクマのベースに、頭部分をぷっくり盛り上げてあげると、ウサギのベースになります。シマリスのベースなども同じく、単純な形に少し手を加えることで、色々なベースを作れます。

道具と材料

ハサミ／ニードル／目打ち／クシ／ファー（白・ベージュ）／羊毛フェルト（ピンク・赤）／手芸用ボンド／軽量粘土／粘土ヘラ／歯ブラシ／アルコール染料インク／手芸用チャコペン（消えるタイプ）／パジコカラースケール／クッキングシート／カッティングボード／刺し目（6mm）／まち針／はけ（ヒゲ用）／ティッシュ

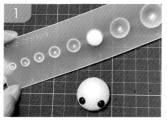

1
ベースはキンクマと同じ。小さじ2の粘土を使用し形作り、乾燥させて目を付けるところまで済ませておく。

2
パジコカラースケールのFのサイズ分の粘土を、ウサギの頭部分としてベースに盛っていく。

3
ベースの頭部分に水をつけ、計量した粘土を盛っていく。

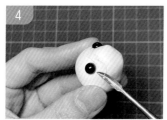

4
鼻筋や後頭部に自然に流れるよう、ヘラで境目をスムーズに馴染ませる。

5
粘土を盛ったところ。ウサギの盛り上がった頭が仕上がった。

6
横から見たところ。

正面から見たところ。

頭の上から見たところ。

ベージュファーを縦30mm・横20mmの四角の形にカットし、チャコペンで左右対称に耳の形を描く。毛流れは耳の先端に流れるように。➡Ⓐ

チャコペンのアタリに沿ってカットする。

耳の根本部分の中心に、約5mmの切り込みを入れる。

耳の内側にピンクの羊毛を貼る。ピンクの羊毛をふたつまみ用意する。

耳の根本部分5mmを残し、他の部分にボンドを薄く塗っていく。

ボンドを塗った上にピンクの羊毛フェルトを貼り付ける。まずは指で撫でて馴染ませる。

ニードルでピンクの羊毛フェルトを軽く刺し、耳の内側に定着させる。

【原寸イメージ】 -

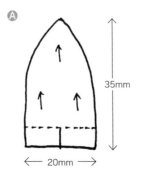

ピンクの羊毛フェルトを貼り付けたところ。

両耳を仕上げたところ。

耳のファーの余分な部分をカットしていく。下地より一回り大きくカットする。

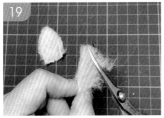

ファーの毛を立てて、耳の先端のファーが短くなるよう自然な毛流れにカットし整える。

ボンドを完全に乾かす。ボンドが固まって張りのある耳になる。

耳の中心を軽く二つ折りにしてクセを付ける。

耳の根本の5mm部分を左右に開く。

ベースの耳を取り付ける位置にチャコペンでアタリを付ける。

頭の後頭部部分の中央、目の高さが耳を取り付ける位置。

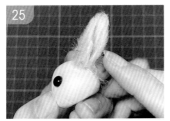

ベースにまち針で耳を仮止めする。アタリの線と耳の根本の開いた部分が平行になるように。

耳をベースに仮止めしたところ。

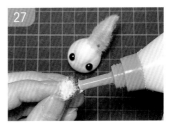

耳を外して根本にボンドを塗る。

仮止めしていた所に耳を再び貼り付け、まち針で留める。

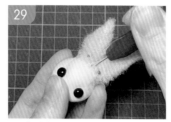

耳の根本部分をニードルで刺してベースに定着させる。

耳を貼り付けたところ。

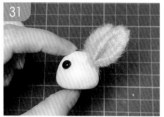

横から見たところ。

後ろから見たところ。

土台にチャコペンでファーにアタリを付ける。鼻先を中心に、耳と首に通るようにと、鼻からアゴに弧を描くように線を引く。

アタリを付けたところ。

横から見たところ。

後ろから見たところ。

毛流れに沿ってベージュファーを貼り付けていく。まずは後頭部から。

次はアゴ下。毛流れに注意してファーをカットして貼り付けていく。

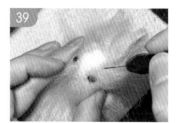

ファーの境目や目の周りは特に丁寧にニードルで刺してベースに馴染ませる。

ファーを全面に貼り付けた後、クシで
毛並みを整える。

全体の毛並みを整えたところ。

横から見たところ。

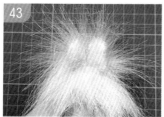

後ろから見たところ。

頭の上から見たところ。

余分なファーをカットしていく。ニー
ドルで毛を立てて少しずつカットする。

鼻、目の周りは短めに、後頭部は長め
にファーを整える。

全体的にカットしたところ。

横から見たところ。

後ろから見たところ。

正面から見たところ。

頭の上から見たところ。

ファーのカットが終わった後に、はっきり形を出したい耳の根本部分などをニードルで刺して整える。

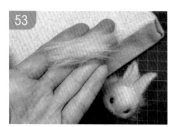

鼻先部分を作る。ベージュのファーをひとつまみ使用する。

鼻先の形に刺し固めていく。
※ジャンガリアン〈顔〉作り方（31p）参照。

鼻先部分を扇状に広げたところ。ジャンガリアンハムの鼻先より心持ち大きめなサイズに仕上げる。

土台の鼻先部分にまち針で仮止めする。

横から見たところ。

頭の上から見たところ。

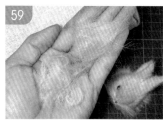

口元部分を作る。ベージュファーをふたつまみ、同じ分量を用意する。

縦約10mm、横約13mmの半球状に固める。まずは楕円状に固めた後に平らにしたい部分を刺すと形作りやすい。

口元部分のパーツが仕上がったところ。

ベースに貼り付けやすいよう、裏面は平らに整える。

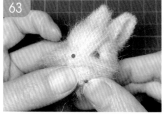

鼻先に沿って半球を配置し、まち針で仮止めしていく。

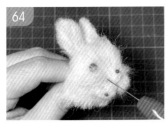

64 左右の口元の境部分をニードルで引っ掻いて、境目をぼかして馴染ませる。口元の境目部分の刺し固めをといていくイメージ。

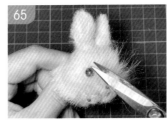

65 目元がしっかり出るように余分なファーをカットする。

66 鼻先と口元のカットが済んだところ。正面から見て左右対称になるようにバランスを整える。

67 横から見たところ。

68 正面から見たところ。

69 頭の上から見たところ。

70 ベージュファーを刺し固め下唇部分を作る。縦約4mm、横約6mmの球状。

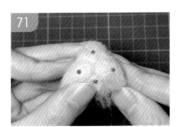

71 下唇をアゴに配置し、まち針で仮止めする。

72 口元部分はまち針で止めたまま、鼻先だけ土台から外す。鼻先の裏とベース部分にボンドを塗り、元通りの場所に貼り付けてまち針で固定する。

73 鼻先を固定した後に、口元も同じようにボンドで貼り付けて固定する。

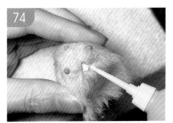

74 下唇をアゴに配置し、まち針で仮止めする。

75 ウサギは口元に白い色味が入っている子が多いので、白ファーを刺し込んでいく。※口元のボンドが乾く前に刺す。

ひとつまみ用意した白ファーの中心部分を、口元の割れ目に刺し込む。はみ出たファーは自然に散らす。

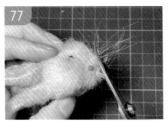

余分な白ファーをカットして整える。

目元をはっきりさせるためニードルで目周りを整える。

鼻先、口元のボンドが乾かないうちに、赤い羊毛フェルトを刺し付ける。指で少量の赤い羊毛フェルトをねじって、細いこよりにし、刺し付けていく。

鼻先から下唇に向かっても赤い羊毛フェルトを刺し付ける。

赤い羊毛フェルトを刺し付けたところ。口元がハッキリした。

ボンドが乾いてからまち針を外す。まち針で止めていた部分が凹んで跡になっているため、ニードルで引っ掻いて跡を消す。

口元が仕上がったところ。

横から見たところ。

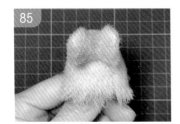

後ろから見たところ。

正面から見たところ。

頭上から見たところ。

アルコール染料インクでファーを染色していく。まずは薄い色味から。

歯ブラシでとかすようにして全体的に薄く汚しを入れていく。

ペンタイプのピンクのアルコール染料インクで口元を塗る。

ヒゲを付ける。ヒゲを生やしたい部分に目打ちで穴を開ける。

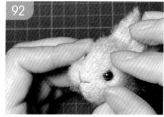

目打ちで開けた穴にボンドを付けたヒゲを差し込む。

ヒゲを生やして完成したところ。

横から見たところ。

後ろから見たところ。

正面から見たところ。

頭の上から見たところ。

ゆかりん （Poccolly）

東京都在住。ファーリークレイ®ドール作家。2015年に羊毛フェルトに出会い、一緒にお出掛けできるひょっこりアニマルの制作を始める。2021年に粘土とファーと羊毛フェルトの手法を組みあわせた新技法「ファーリークレイ®」を考案。各SNS（Instagram、Xなど）にて作品の写真や制作過程、ファーリークレイ®のテクニックを発信。主にオンラインショップにて不定期に作品を販売している。
litlink → https://lit.link/poccolly

ファーリークレイ®で作る ふわふわ 小さなどうぶつたち

2023年11月15日　第一刷発行

著者　ゆかりん （Poccolly）

写真　福井裕子（カバー、扉、巻頭、各作り方見出し部分、
　　　　　　　49p、63p、82p、96p、奥付）
　　　ゆかりん（作り方プロセス）
ブックデザイン　清水佳子
編集　福永恵子（産業編集センター）

発行　株式会社産業編集センター
　　　〒112-0011 東京都文京区千石4-39-17
　　　TEL 03-5395-6133
　　　FAX 03-5395-5320

印刷・製本　株式会社シナノパブリッシングプレス